Extrait du MONDE COMMERCIAL)

PROPRIÉTÉS PRIVÉES

DES SUJETS BELLIGÉRANTS

SUR MER

Par M. L.-B. HAUTEFEUILLE

PARIS

LIBRAIRIE A. FRANCK

67, RUE DE RICHELIEU

—

1860

(*Extrait du* Monde commercial)

PROPRIÉTÉS PRIVÉES

DES SUJETS BELLIGÉRANTS

SUR MER

Par M. L.-B. HAUTEFEUILLE

PARIS

LIBRAIRIE A. FRANCK

67, RUE DE RICHELIEU

1860

PROPRIÉTÉS PRIVÉES

DES SUJETS BELLIGÉRANTS

SUR MER

En matière de droit international, toutes les innovations ont une très grande importance, parce que chacune d'elles tend à modifier les rapports des peuples entre eux, à donner de nouveaux droits, à créer de nouveaux devoirs aux nations; à des êtres moraux complétement indépendants les uns des autres, qui ne sont liés entre eux que par les règles de la loi divine, ou par les conventions expresses qu'ils ont consenties. Il est donc nécessaire que toutes les questions nouvelles soient examinées avec calme et réflexion, qu'elles soient envisagées dans leur véritable jour et dans les conséquences qu'elles peuvent amener; il faut repousser avec soin tous les entraînements, de quelque part qu'ils viennent, et ne jamais se laisser aveugler par les grands mots que tous les novateurs emploient pour donner crédit à leurs idées; il faut enfin, trop souvent, arracher le masque dont on se sert pour faire adopter des mesures dont le but unique et réel est la satisfaction de projets ambitieux.

Nous considérons donc que c'est un devoir pour chaque citoyen d'étudier, autant qu'il le peut, les questions de cette nature; de rechercher leurs origines, les circonstances qui les ont fait naître et les hommes qui les ont mises en avant; et surtout de faire connaître quelles peuvent être, soit pour le pays, soit pour le genre humain, les conséquences de la mesure proposée. C'est ce devoir que nous venons remplir en examinant, avec tout le soin dont nous sommes capable, une question que l'on peut appeler nouvelle, puisque, soulevée timidement et d'une manière purement théorique vers le milieu du siècle dernier, elle n'a réellement été proposée aux nations que depuis quelques années. Elle peut se formuler ainsi : *Sur mer, les propriétés privées des sujets de l'un des belligérants doivent-elles être respectées par l'ennemi?*

Pour rendre notre travail plus clair et plus complet, nous donnerons d'abord un exposé de l'origine même de la question ; nous discuterons ensuite les arguments, bien peu nombreux, qui ont été proposés pour la soutenir ; enfin, nous examinerons la question elle-même et les conséquences qu'elle pourrait entraîner, si elle était admise comme principe du droit international maritime.

L'abbé Mably est le premier qui ait énoncé cette idée, que la propriété privée sur mer devait être respectée par l'ennemi. Ce n'est pas une proposition formelle qu'il fait, mais il s'étonne « que les puissances maritimes, qui regardent le commerce comme le fondement le plus solide de leur grandeur, n'aient pas, depuis longtemps, défendu à leurs vaisseaux d'insulter les navires marchands ennemis et de s'en saisir » (1).

Un quart de siècle s'écoula sans que personne relevât l'idée du savant abbé ; mais en 1782, un autre ecclésiastique, philosophe et même diplomate, Galiani, en dit quelques mots : car on doit remarquer que ce n'est que dans une note, et à propos de la course, que l'auteur napolitain fait mention de cette proposition. Il semble même ne s'élever contre la capture des propriétés privées que lorsqu'elle est faite par des corsaires, et ne pas contester celle qui serait opérée par les bâtiments de guerre (2).

Quelques années après, en 1785, l'un des fondateurs de la liberté américaine, l'un des premiers diplomates de la jeune république,

(1) Mably, *Droit public de l'Europe, fondé sur les traités.* 2ᵉ éd., 1748, t. 2, p. 310.

(2) *De' doveri de' principi neutrali verso i principi guerreggianti*, etc., etc., capo 10, § 2. *Del corseggiare*, p. 430. Voici la note entière : «E più volte nell' età nostra è avvenuto il caso di vedersi entrar un sovrano, o il suo generalissimo, lieto e festoso, in qualche città conquistata, accolto con acclamazioni, accordar grazie, confirmar i privilegi, conservar i magistrati, rispettar la proprietà d'ogni privato, preservar i magazzini de' negozianti ; e in quelle stesso tempo, da un armatore, suo suddito, predarsi parte delle robbe di quelli stessi magazzini, state prima imbarcate per oggetto d'innocente commercio, ed esser dichiarate di buona preda. Oh atroce e doloroso contrasto di legislazioni!

Franklin, tenta de faire l'application de cette idée, restée jusqu'alors à l'état de pure théorie. Il avait été chargé de conclure des traités d'amitié et de commerce avec plusieurs Etats européens ; ce fut dans celui qu'il signa avec la Prusse qu'il fit cet essai. Cédant à des idées très philosophiques peut-être, mais fort peu pratiques, le roi de Prusse et l'envoyé américain insérèrent dans cet acte une stipulation complétement nouvelle dans la pratique internationale. L'art. 23 contient cette clause :
« En cas de rupture entre les parties contractantes, les femmes et les
« enfants, les gens de lettres de toutes les facultés, les cultivateurs,
« artisans, manufacturiers et pêcheurs qui ne sont point armés, et qui
« habitent des villes, villages ou places qui ne sont pas fortifiés, et en
« général tous ceux dont la vocation tend à la subsistance ou à l'avan-
« tage du genre humain, auront la liberté de continuer leurs profes-
« sions respectives et ne seront point molestés en leurs personnes, ni
« leurs maisons ou leurs biens incendiés ou autrement détruits, ni
« leurs champs ravagés par les armées de l'ennemi..... Mais si l'on
« se trouve dans la nécessité de prendre quelque chose de leurs pro-
« priétés pour l'usage de l'armée ennemie, la valeur en sera payée à
« un prix raisonnable. Tous les vaisseaux marchands et commerçants
« employés à l'échange des productions de différents endroits, et par
« conséquent destinés à faciliter et à répandre les nécessités, les com-
« modités et les douceurs de la vie, passeront librement et sans être
« molestés.... (1). »

On doit remarquer que dans aucune des conventions par eux conclues avec les Etats maritimes de l'Europe, les négociateurs américains n'ont inséré de clauses de cette nature. Au reste, le traité de 1785 fut réformé sur ce point par celui de 1799. Dans ce dernier, la stipulation de respect de la propriété privée ennemie fut reproduite, mais seulement en ce qui concerne les biens à terre ; il n'y est plus question de la propriété maritime, des navires et de leurs cargaisons (2). Enfin, dans le traité intervenu entre les mêmes parties en 1829, on voit que les art. 13 à 24 de l'acte de 1799 sont remis en vigueur et doivent avoir la même force que s'ils étaient répétés dans le nouveau traité ; quant à celui de 1785, il n'en est parlé que pour renouveler la stipulation de l'art. 12 qui supprime la confiscation en matière de contrebande de guerre (3).

(1) Voyez de Martens, *Recueil des traités*, t. 4, p. 47.
(2) Voyez art. 23 de ce traité, même recueil, t. 6, p. 689.
(3) Voyez traité de 1829, de Martens, nouveau recueil, t. 7, p. 619.

En 1792, l'Assemblée législative française rendit un décret qui prononçait l'abolition : 1° de la prise des propriétés privées sur mer ; 2° et de la course maritime. Elle invita le pouvoir exécutif à entrer en négociation avec toutes les puissances maritimes du monde, pour les engager à reconnaître ce double principe. La ville de Hambourg seule répondit favorablement à cet appel philosophique.

Cette question était tombée dans un oubli à peu près complet depuis plus d'un demi-siècle, lorsqu'elle fut de nouveau soulevée par le gouvernement des États-Unis d'Amérique.

Une guerre qui restera célèbre dans les fastes de l'histoire venait de prendre fin ; la sagesse et la modération de l'empereur des Français avaient achevé ce que la valeur de nos armées avait si heureusement commencé ; la paix avait été signée, le 30 mars 1856, dans un congrès où sept nations européennes, et les plus puissantes de l'Europe (1), étaient représentées. Avant de se séparer, les plénipotentiaires crurent devoir régler quelques points du droit international maritime, droit que les traités de 1815 avaient complétement négligé. Une déclaration faite le 16 avril proclama quatre principes importants : le premier était entièrement nouveau ; les autres étaient depuis longtemps reconnus par toutes les puissances ; malheureusement, quoique reconnus, ils étaient toujours violés dès que la guerre éclatait. Nous n'avons pas ici à examiner ces principes ; si nous devions le faire, nous serions dans l'obligation de combattre énergiquement le premier : l'abolition de la course en temps de guerre maritime (2). Toutes les nations non représentées au congrès, même celles qui ne possèdent pas un seul navire, furent invitées à adhérer aux résolutions prises, par les grandes puissances, dans la déclaration du 16 avril 1856. Toutes acceptèrent les principes proposés ; trois seulement refusèrent de souscrire à l'abolition de la course maritime. Au nombre de ces dernières, se trouvaient les États-Unis d'Amérique. Trop habiles pour ne pas apercevoir les funestes conséquences que pouvait entraîner pour eux l'adoption d'une pareille mesure, ils déclarèrent repousser cette inovation, à moins qu'elle ne fût complétée par une disposition ainsi conçue : « et que la propriété « particulière des sujets ou citoyens d'une puissance belligérante, sur

----

(1) La France, l'Angleterre, la Sardaigne, l'Autriche, la Prusse, la Turquie et la Russie.

(2) Sur ce sujet, voyez : 1° notre *Traité des droits et des devoirs des nations neutres*, etc., etc., éd. 2ᵉ, t. 1, titre 3, chap. 2, sect. 3, § 3, et notre *Histoire des origines, des progrès et des variations du droit international maritime*, tit. 6.

« les hautes mers, ne puisse être saisie par les vaisseaux armés d'une
« autre puissance, si ce n'est quand il y a contrebande. »

La dépêche de M. Marcy, ministre de l'Union américaine, va même
plus loin : sans la demander d'une manière positive, sans en faire une
condition de l'acceptation de la déclaration, elle propose la suppression
de toute espèce de contrebande de guerre, l'abolition du droit de visite,
et l'entière liberté du commerce neutre, excepté avec les places blo-
quées (1). Nous verrons bientôt le président Buchanan aller plus loin
et demander l'abolition du blocus.

La proposition américaine n'eut aucune suite ; le gouvernement qui
l'avait faite était arrivé au terme de ses pouvoirs ; il céda la place à un
autre président, dont le cabinet exprima même le désir que la dépêche
du 28 juillet 1856 ne fût pas soumise à l'examen des puissances signataires de la déclaration du 16 avril.

Tout en adhérant sans condition expresse aux principes proclamés
par le congrès, le Brésil, cédant, comme il le dit lui-même, à l'invita-
tion des États-Unis, émit le vœu que « toute propriété particulière
inoffensive, sans exception des navires marchands, fût placée, sous la
protection du droit maritime, à l'abri des attaques des croiseurs de
guerre » (2). Ce vœu ne donna lieu à aucune réponse, du moins il n'en
a été publié aucune.

La question resta dans cet état jusqu'à la fin de 1859 ; à cette époque,
et à l'occasion de la paix conclue entre la France et l'Autriche, il fut
fortement question de réunir un congrès nouveau. La proposition relative à la propriété privée des sujets belligérants sur mer fut reprise,
afin de pouvoir être proposée aux plénipotentiaires des grandes puissances. Mais cette fois ce furent les villes de Brème et de Hambourg qui
eurent l'honneur de l'initiative. Ces deux villes sont essentiellement
commerçantes, il est vrai, mais elles ne possèdent aucune marine militaire, et sont appelées nécessairement à rester neutres dans toutes les
guerres maritimes.

Brème commença (3). Une assemblée d'armateurs et de négociants fut

(1) Voyez la dépêche de M. Marcy au gouvernement français, du 28 juillet 1856.

(2) Voyez la note adressée, le 18 mars 1858, par le ministre des affaires étrangères du Brésil, au ministre de France à Rio-Janeiro.

(3) Il est assez difficile de préciser les dates des faits relatifs à Brème et à Hambourg ; nous avons dû nous en rapporter sur ce point, d'ailleurs peu important, à
une brochure publiée à Hambourg sous ce titre : *German resolutions and British
policy*, par C. W. Asher.

spécialement convoquée, le 2 décembre 1859, pour exprimer ses vœux
sur les modifications à introduire dans le droit maritime en temps de
guerre ; elle adopta la proposition suivante : « L'inviolabilité de la per-
« sonne et de la propriété sur mer en temps de guerre forme, *en tant
« que les nécessités de la guerre ne les limitent pas inévitablement,*
« une des exigences du sentiment juridique de notre époque. » Le
8 décembre, les prévôts des marchands décidèrent que le vœu des négociants de Brême serait transmis à tous les cabinets européens, et
que les autres villes libres seraient invitées à faire des démarches ana-
logues.

Dans les premiers jours du même mois de décembre 1859, une députation du commerce de Hambourg remit au sénat de cette ville un mémoire sur les diverses questions que soulève le droit maritime, et dont
la solution pourrait former, dès à présent, un complément utile à la déclaration du 16 avril 1856. A la suite des quatre questions relatives aux
neutres, la députation demandait l'adoption de deux principes généraux fort importants : 1° la sûreté de la propriété privée sur mer, non-
seulement vis-à-vis des corsaires, mais encore vis-à-vis des bâtiments de
guerre des princes belligérants ; 2° la restriction du blocus aux lieux
fortifiés, le blocus ne devant avoir pour effet que d'empêcher d'apporter dans la place bloquée des objets de contrebande de guerre.
(La contrebande de guerre étant défendue en tous temps et en tous
lieux ennemis, cette demande n'était autre que celle de l'abolition du
blocus.)

La chambre de commerce de New-York fit aussi quelques démarches
auprès du président de la république pour obtenir qu'il reprît la proposition faite par son prédécesseur. Une lettre écrite par le chef du pouvoir exécutif aux représentants du négoce maritime prouve que, loin
de renoncer à son idée première, le gouvernement de l'Union ne l'a un
instant suspendue que pour lui donner plus d'étendue. Dans ce docu-
ment, le président Buchanan démontre que la sécurité demandée pour
les propriétés privées sur mer resterait sans efficacité réelle pour les
Américains si le droit de blocus était maintenu, et il annonce qu'il a
déjà fait des ouvertures aux cabinets européens pour obtenir l'abolition
de ce droit, bien plus menaçant pour le commerce des Etats-Unis que la
prise des navires marchands (1).

Le 19 mai 1860, une commission de la chambre des députés de

---

(1) La lettre du président Buchanan se trouve transcrite en entier dans le nu-
méro du journal hebdomadaire anglais *The Economist*, du 28 avril 1860.

Prusse, saisie de l'examen d'une proposition faite par M. de Ronne sur l'inviolabilité de la propriété maritime en temps de guerre, a fait son rapport, qui tend à « exprimer l'espoir que le Gouvernement profitera « de toutes les occasions pour faire reconnaître, par le droit des gens, « le principe de l'inviolabilité de la personne et de la propriété privée « sur mer en temps de guerre. » Il est probable que les conclusions de ce rapport seront adoptées par la chambre.

Ainsi donc la proposition de M. Marcy, abandonnée, en apparence du moins, par le gouvernement américain lui-même, fut relevée, non par une grande puissance maritime, mais par deux villes qui ne possèdent aucune force navale, et par une nation puissante sur terre, mais très faible sur mer et n'ayant aucun moyen de faire la guerre sur l'Océan. Cette reprise fut diversement accueillie par les nations navigantes.

En Angleterre, le *Times* répondit par un article très énergique, trop énergique peut-être, à ce qu'il regarde comme une proposition insensée. Quelques négociants de Bristol, de Manchester et d'autres villes s'adressèrent à lord Palmerston pour lui demander son appui en faveur de la proposition ; mais ce ministre leur déclara positivement qu'il lui était impossible d'adopter un système dont le résultat menacerait la suprématie de la Grande-Bretagne sur les mers. Enfin, un membre de la chambre des communes, M. Lindsay, le même qui, dans la séance du 11 juillet 1857, s'était si vivement élevé contre la proposition de M. Marcy, vient d'écrire à lord Jonh Russell, et de lui exposer les motifs pour lesquels il serait désirable que les navires de commerce fussent à l'abri de toute capture en temps de guerre. Le ministre des affaires étrangères a cru devoir répondre que la question serait examinée par le Gouvernement, mais qu'elle était susceptible de graves objections.

En France, le *Journal des Débats* a plusieurs fois énoncé des opinions contraires à la proposition, et, dans un article spécial, il l'a même combattue directement avec beaucoup de force et de raison (1). *La Presse*, le journal belge *Le Nord*, et sans doute quelques autres feuilles périodiques, ont soutenu les idées nouvelles.

L'*Invalide russe* a pris parti pour l'inviolabilité des propriétés privées sur mer en temps de guerre, mais sans développer son opinion.

Quelques brochures ont été publiées en faveur de l'innovation demandée dans les lois internationales. Nous en connaissons deux : l'une, en allemand, ne s'occupe nullement de discuter la proposition ; elle

____

(1) Voyez *Journal des Débats* du 19 juillet 1858.

sert à l'auteur de prétexte pour faire un cours de gallophobie au profit de ses compatriotes; l'autre a été publiée à Hambourg, probablement par un Allemand, mais en langue anglaise et sous ce titre : *German resolutions and British policy*. L'auteur s'occupe beaucoup plus de la liberté de la navigation commerciale et de l'examen de la déclaration du congrès de Paris du 16 avril, que de l'immunité de la propriété privée à la mer, en faveur de laquelle il ne donne pas un seul argument.

Telle est l'histoire de l'origine et du développement de la proposition que nous voulons examiner.

Le traité de 1785 entre la Prusse et les États-Unis d'Amérique a posé la question d'une manière spéciale beaucoup plus rationnelle, à notre avis, et complétement différente de celle adoptée d'abord par l'abbé Galiani, et, depuis, par les autres apôtres du nouveau système. Nous pensons donc nécessaire de l'examiner le premier.

Les trois plénipotentiaires américains, Franklin, J. Adams et Jefferson, connaissaient les usages de la guerre sur terre et sur mer, leur propre pays venait d'en faire et en faisait encore une rude épreuve : ils savaient, par conséquent, que les propriétés privées des sujets ennemis ne sont pas plus respectées par les armées, sur terre, que ne le sont les navires par les croiseurs, sur l'Océan ; ils savaient que tout ce qui peut être utile à une armée est pris par elle, quel que soit le propriétaire et sans jamais payer un prix quelconque ; ils n'ignoraient pas que souvent même, lorsqu'il le croit utile à ses intérêts, ou lorsqu'il le peut sans se causer aucun préjudice à lui-même, l'envahisseur détruit les propriétés mobilières et immobilières des sujets ennemis. Le roi de Prusse était sur ce point aussi instruit que les plénipotentiaires américains. Frédéric le Grand connaissait, lui aussi, par expérience, la manière dont on fait la guerre sur terre. Mais Franklin et le roi de Prusse étaient philosophes . mus par des sentiments très humains sans doute, du moins en apparence, ils voulurent tenter de réformer des usages qu'ils regardaient comme barbares. Ils s'attaquèrent à la guerre terrestre d'abord ; ils posèrent en principe que tous individus qui ne portent pas les armes seraient respectés dans leurs personnes, que les propriétés mobilières et immobilières ne seraient jamais ni enlevées ni détruites ; enfin, que tout ce dont l'armée d'invasion aurait besoin serait pris par elle, mais exactement payé à l'habitant. Telle est la principale disposition de l'art. 23 du traité de 1785. Ce n'est qu'ensuite, et par voie de conséquence, qu'elle est étendue aux propriétés privés sur mer.

Les traités de 1799 et de 1829 prouvent jusqu'à l'évidence la vérité de ce que nous avançons ici. Tous les deux ont conservé la stipulation principale, celle relative à la propriété privée à terre; et tous les deux ont supprimé la conséquence, la partie de l'article qui imposait au belligérant le respect de la propriété privée sur mer. L'idée philosophique de Franklin et du roi de Prusse, bien qu'elle fût erronée, comme nous espérons le démontrer, reposait cependant sur la vérité des faits. Le traité de 1785 constatait l'état des choses et entreprenait de le réformer.

Cet acte donne lieu à une réflexion fort importante. Franklin et ses collègues avaient été chargés par leur gouvernement de conclure des traités, non pas seulement avec la Prusse, mais encore avec divers autres États européens. Il fut l'un des négociateurs du traité de 1778 avec la France; il conclut celui de 1783 avec la Suède; John Adam seul signa celui de 1782 avec les provinces unies des Pays-Bas. Aucun de ces traités ne contient de stipulations semblables à celle de 1785, aucun ne fait une allusion, même éloignée, à l'idée qui nous occupe. Rien dans les communications diplomatiques de l'époque ne peut faire penser qu'il ait jamais été question d'imposer ou de demander, à une nation autre que la Prusse, le respect de la propriété privée de sujets ennemis. Cette pensée ne se trouve déposée que dans la convention conclue entre les États-Unis et la Prusse, entre une nation exclusivement maritime du nord de l'Amérique et une puissance essentiellement continentale du nord de l'Europe, dont la marine était à peu près nulle; c'est-à-dire entre deux peuples qui étaient dans la quasi-impossibilité de se faire la guerre sur terre.

De ce silence dans toutes les autres transactions diplomatiques, de la nature du traité dans lequel se trouve la seule tentative faite pour établir la nouvelle règle relative à la propriété ennemie, n'est-il pas permis de conclure que les auteurs de la proposition eux-mêmes n'avaient d'autre but que de faire parade de vains sentiments philosophiques et humanitaires, mais qu'ils ne croyaient nullement à la réussite de cette tentative, et qu'ils ne cherchaient pas même à l'obtenir? Cette conclusion se trouve parfaitement justifiée par les traités conclus en 1799 et en 1829 entre les deux puissances signataires de l'acte de 1785. En effet, ces deux conventions conservent la stipulation de l'art. 23, mais seulement en ce qui concerne la guerre terrestre, et la suppriment pour le cas de guerre maritime. Elles stipulent l'inviolabilité de la propriété privée des sujets ennemis à terre, entre deux peuples qui ne peuvent pas se rencontrer à terre; et non-seulement elles ne consacrent pas cette inviolabilité pour les navires de commerce et leurs cargaisons, mais encore elles annulent les conventions déjà existantes sur cette question. Cependant, si la guerre peut avoir lieu entre la Prusse et les États-Unis d'Amérique, ce ne peut être que sur mer. Il est donc bien évident que les parties contractantes, ou du moins l'une d'elles, a eu la volonté d'anéantir et a anéanti en réalité la convention de 1785, dans sa partie relative au droit maritime, c'est-à-dire dans la partie que nous avons à examiner, et que par conséquent ce fameux traité ne peut plus être invoqué en faveur de la proposition américaine.

L'abbé Mably confond dans une seule phrase deux idées bien distinctes : l'abolition de la course et le respect de la propriété privée sur mer. Il n'appuie son opinion que sur un seul motif : le commerce est le fondement le plus solide de la grandeur des nations ; elles doivent donc faire tous leurs efforts pour conserver et rendre plus abondante cette source de prospérité. Il invoque, à l'appui de sa double proposition, le témoignage des négociants de tous les pays du monde, et il affirme que tous applaudiraient à l'adoption de ces principes. Cet auteur n'invoque d'ailleurs contre la prise des propriétés privées sur mer ni l'exemple de ce qui se passe dans les guerres terrestres, ni même les sentiments d'humanité que doivent avoir tous les hommes. Sans aucun doute, l'unanimité des commerçants serait acquise au projet de l'abbé Mably, car ils verraient dans son adoption un moyen de faire de nouveaux bénéfices, ou du moins de conserver ceux déjà faits ; mais il me parait facile de répondre à son argument par un seul mot. Les négociants ne forment qu'une partie de la nation ; c'est l'intérêt général de la population qui doit être cherché, et non pas seulement l'intérêt d'un petit nombre. Nous pensons, et nous espérons prouver, que le bien de l'ensemble des peuples exige que la guerre maritime conserve l'usage de prendre les propriétés privées, et que, par conséquent, il n'y a pas lieu à s'arrêter aux vœux des négociants.

Galiani, et après lui M. Marcy, le représentant du gouvernement américain de 1856, et tous ceux qui ont adopté les idées nouvelles et se sont chargés de les propager, s'appuient uniquement sur deux arguments : 1° la propriété privée des sujets ennemis sur terre est respectée par les armées d'invasion. Il est donc juste que ce respect soit étendu aux propriétés privées des sujets ennemis sur mer ; 2° les lois de l'humanité exigent que l'on ne dépouille pas des biens qu'il possède l'homme, même sujet ennemi, qui ne porte pas les armes, mais qui reste paisiblement occupé de ses travaux pacifiques. Ces deux arguments, on ne manque pas de les assaisonner de tous les grands mots

utiles et nécessaires pour frapper les esprits superficiels ; pour entraîner les hommes qui n'ont pas le courage de combattre les idées les plus
étranges, lorsqu'elles sont présentées sous le manteau de l'humanité ou
avec une apparence de philosophie. Tous les moyens sont employés
pour flétrir la capture de la propriété privée sur mer : cet usage est un
reste barbare de la barbarie de nos pères, dont nous devons rougir, et
qu'il faut abolir immédiatement. Cet usage est condamné d'avance, et
nul n'osera élever la voix pour soutenir que cette proposition n'est pas
une conquête immense pour l'humanité, un progrès que les forts esprits du XIXe siècle seuls étaient capables de faire faire au genre humain. Malgré ces anathèmes, nous allons développer l'idée déjà émise
dans nos travaux antérieurs (1) et prouver que la base même de la proposition dont il s'agit est fausse, parce que la propriété des sujets ennemis à terre n'est pas respectée ; que cette proposition non-seulement n'est
pas conforme, mais encore est directement contraire aux lois de l'humanité ; et enfin que l'intérêt bien entendu de toutes les nations européennes, de la France notamment, et surtout celui des puissances maritimes secondaires, qui sont le plus souvent appelées à rester simples
spectatrices des grandes luttes sur l'Océan, est de rejeter cette innovation.

On demande que la propriété privée sur mer soit inviolable de la
part de l'ennemi, en se fondant sur ce fait que la propriété privée est
inviolable sur terre (2) ; que l'homme de mer désarmé et conduisant un
navire de commerce soit respecté comme le laboureur et l'artisan est
respecté à terre. On s'étonne que les nations civilisées, se conduisant
avec une si parfaite humanité dans les guerres terrestres, continuent à
se montrer si inhumaines, si barbares, sur l'Océan ; et on cherche les
motifs d'une conduite si bizarre, si contraire aux lois de la morale. Les
négociants de Brème et de Hambourg, plus préoccupés de leurs béné -
fices que des questions humanitaires, ne parlent pas, il est vrai, de cette
odieuse contradiction ; mais tous les organes de la presse et tous les écri-
vains qui se sont chargés de commenter les propositions nouvelles, s'appuient surtout sur cette anomalie insoutenable à leurs yeux, tous ré-

(1) Voyez notre *Histoire des origines, des progrès et des variations du droit international maritime*, tit. 6.

(2) Voici en quels termes s'exprime M. Marcy dans sa dépêche du 28 juillet
1856 : « La nécessité de l'amendement repose sur de si puissantes considérations,
et le système sur lequel il s'appuie a été si longtemps sanctionné par toutes les
nations éclairées *dans leurs opérations militaires sur terre*, que le président a de
la peine à croire qu'il puisse rencontrer une opposition sérieuse. »

clament l'application à la guerre maritime des principes si remplis d'humanité mis en pratique depuis si longtemps sur le continent. Mais on doit remarquer que si tous invoquent ces prétendus principes, il n'en est pas un seul qui ait pris la peine de les mettre sous les yeux de ses lecteurs. Ils se bornent à affirmer qu'ils existent, et que la propriété privée du sujet ennemi sur terre est inviolable pour le belligérant, que ce dernier la reconnaît comme telle et la respecte.

Nous nions l'existence d'aucune règle, d'aucune loi internationale, d'aucun traité, celui de 1785 excepté, d'aucun acte quelconque qui ait proclamé le principe de l'inviolabilité de la propriété privée sur terre ; par conséquent, nous nions l'existence même du principe : car, s'il existait, il aurait été souvent violé, et il n'est pas possible que ces violations si nombreuses, si fréquentes, n'aient pas amené des récriminations et même des stipulations spéciales pour en prévenir le retour. Le principe n'existe donc pas. Mais en fait la propriété privée des sujets ennemis est-elle respectée dans les guerres terrestres ? Pour répondre à cette question, il suffit d'ouvrir l'histoire. Pour constater les faits, nous ne remonterons pas loin ; nous ne parlerons pas des campagnes de Turenne dans le Palatinat, nous ne rappellerons pas même les grandes guerres du commencement de ce siècle, qui cependant sont encore si près de nous ; nous nous bornerons à constater les faits tels qu'ils se sont passés dans les guerres les plus récentes de ce XIXᵉ siècle, si plein d'humanité sur terre, si barbare dans sa conduite sur mer.

La propriété privée à terre est de deux natures essentiellement différentes : elle est immobilière ou mobilière. La première n'a pas de similaire sur mer ; sur cet élément, tout ce que possède l'homme est essentiellement meuble ; nous pourrions donc écarter toute comparaison avec cette nature de possession, nous l'acceptons cependant.

Lorsqu'un belligérant s'empare d'une province, d'un département, d'une ville appartenant à son ennemi, respecte-t-il les propriétés immobilières privées ? Non, il ne les respecte pas toujours ; nous dirons même qu'il ne les respecte presque jamais d'une manière complète. Sans doute il ne peut pas s'emparer du sol et l'emporter chez lui ; il est dans la nécessité de le laisser en place. Mais combien de maisons, de constructions, propriétés immobilières privées des sujets ennemis, sont occupées militairement et ne rentrent dans les mains de leurs possesseurs inoffensifs que dans un état complet de délabrement et de ruine ! Combien sont rasées, incendiées, etc., etc. ! Et alors même que le vainqueur se montrerait plus clément ou plus politique, car c'est son inté-

rêt seul qui le rend clément, il se fait le plus souvent payer la rançon
de ces biens qu'il prétend respecter. Qu'est-ce, en effet, que les contributions de guerre? qu'est-ce que les frais de guerre imposés par le
vainqueur au vaincu? C'est réellement la rançon des immeubles un
instant conquis et non détruits. Sans doute ces charges sont souvent
imposées au gouvernement ; mais le gouvernement ne possède pas par
lui-même les sommes qui sont exigées de lui, il est obligé de les préle-
ver sur ses sujets, qui payent entre ses mains les frais de la guerre, et
qui payent en raison de leurs propriétés immobilières. L'ennemi s'empare donc de cette manière d'une portion de leurs possessions territoriales. D'ailleurs il arrive très souvent que des contributions de
guerre sont frappées par l'envahisseur sur les habitants du pays en-
vahi, et qu'elles sont payées par chaque citoyen en raison de ses
propriétés.

L'invasion d'une partie du Piémont par l'armée autrichienne n'est
pas loin de nous, une année s'est à peine écoulée depuis cet événe-
ment, tout le monde se le rappelle encore. Des contributions de cette
nature furent levées sur les habitants par l'ennemi. On a pu trouver
que le général allemand usait rigoureusement des droits de la conquête, on a pu dire qu'il ruinait le pays ; mais nul n'a pu lui contester
le droit dont il usait. Nul n'a prétendu, nul n'a pu prétendre, qu'il
violait un principe du droit international reconnu et approuvé, pour les
guerres terrestres, par tous les peuples civilisés.

Sans aucun doute il est arrivé et il arrive souvent encore que le
conquérant respecte la propriété immobilière privée des sujets ennemis ; mais il n'agit ainsi que lorsque son propre intérêt l'exige.
Nous ne sommes plus au temps où un belligérant enlevait les populations
tout entières des pays tombés entre ses mains, les réduisait en escla-
vage, ou les transportait dans des contrées lointaines ; au temps où il les
dépouillait pour distribuer leurs terres à ses soldats. Les populations
européennes sont trop nombreuses, trop agglomérées ; la propriété terri-
toriale est divisée entre un trop grand nombre de citoyens, pour qu'il
soit possible d'employer de pareils moyens. Le belligérant, ne pouvant
s'emparer de tous les hommes pour les faire prisonniers, ou pour les
transporter dans d'autres pays, est forcé de leur laisser la possession du
sol. S'il agissait autrement, s'il tentait de dépouiller les propriétaires,
chaque cultivateur, chaque paysan, deviendrait un soldat et un soldat
furieux ; il faudrait se résoudre à combattre sans cesse un ennemi exas-
péré et se présentant sous toutes les formes, à tous les instants. L'armée
qui avait suffi pour faire la conquête serait beaucoup trop faible pour

la conserver; il faudrait l'augmenter considérablement; il faudrait en outre l'entretenir de toutes les choses nécessaires à la vie, que le sol confisqué ne lui fournirait certainement pas. Le vainqueur trouverait sa ruine dans sa conquête. Bien peu de nations seraient assez puissantes pour soutenir de pareilles luttes contre une seule province, et elles ne le feraient qu'en se soumettant à des pertes et à des sacrifices hors de toute proportion avec les faibles avantages qu'elles pourraient en retirer. Telle est la véritable raison de la modération des belligérants dans les guerres modernes, en ce qui concerne les biens immeubles privés des sujets ennemis. Le conquérant se montre clément par intérêt et dans la mesure de son intérêt : le respect pour l'ennemi, les sentiments d'humanité, n'y sont pour rien.

La preuve de ce que nous avançons est facile à donner. Ouvrons une fois encore l'histoire des peuples civilisés de l'Angleterre, des Etats-Unis eux-mêmes. Dès que l'intérêt du vainqueur cesse d'exister, dès que le belligérant se trouve en présence d'une population faible, peu agglomérée, dont il n'a rien à redouter, sa modération cesse : il confisque les propriétés même immobilières, pour se les approprier, pour les donner ou pour les vendre à ses propres sujets ou à des étrangers. N'est-ce pas ainsi que les Etats-Unis ont acquis la plus grande partie des territoires qu'ils possèdent, et qui naguère encore appartenaient aux peuples indigènes de l'Amérique? N'est-ce pas en refoulant au loin, dans l'intérieur des terres, ces tribus souvent inoffensives, toujours trop faibles pour résister aux forces de la République, qu'elle s'est emparée des terres les plus fertiles et les plus riches? Sans doute, on a souvent fait consacrer le résultat du droit de la guerre par de prétendus traités; mais il est bien constant que ces actes n'ont fait que sanctionner la conquête déjà faite, la spoliation déjà accomplie ; ils ont suivi et non précédé la prise de possession des biens immobiliers des sujets ennemis.

Il y a quelques années à peine, le gouverneur général de l'Inde n'a-t-il pas décrété la confiscation des possessions territoriales des ennemis vaincus, pour les donner à ceux qui avaient servi la Grande-Bretagne avec zèle et dévouement? Le parlement anglais, tout entier, a approuvé l'acte du gouverneur général, et blâmé énergiquement le ministre qui avait cru devoir faire des observations à lord Canning. La guerre faite en 1854 par la France et l'Angleterre à la Russie est certainement celle dans laquelle les belligérants ont agi avec la plus grande modération, et cependant l'Angleterre a détruit même les maisons des habitants très paisibles et très inoffensifs des rivages de la mer

d'Azof. Nous ne parlons pas des propriétés privées immobilières brûlées, saccagées, détruites par les attaques de l'ennemi ; des villes entières bombardées, etc., etc. Cependant personne n'a accusé ni les Etats-
Unis d'Amérique, ni l'Angleterre, ni aucun des belligérants, d'avoir
violé les lois de la guerre terrestre ; et personne ne pouvait formuler une
pareille accusation, parce qu'aucune règle morale, aucune loi internationale, aucun traité n'a jamais imposé au belligérant le devoir de respecter les propriétés privées des sujets de son ennemi. Le droit de la
guerre est celui de nuire à l'adversaire par tous les moyens. Ce droit
est incontestable, et la nation qui renonce à l'exercer n'agit ainsi que
par politique et dans son propre intérêt. En droit, et aussi en fait,
nous pouvons donc dire que la propriété, même immobilière, des sujets ennemis n'est pas respectée par les belligérants dans les guerres
terrestres.

Mais si la propriété immobilière n'est pas à l'abri des atteintes de
l'ennemi, quelle est la position de la propriété mobilière ? Celle-ci est-
elle l'objet d'un respect absolu de la part des troupes envahissantes ?

Nous ne parlerons pas des faits de maraude, si fréquents dans les
guerres terrestres et très rares dans les guerres maritimes, parce qu'ils
sont à peu près impossibles. Ces actes appartiennent à des hommes
isolés, agissant en dehors et même contre les ordres de leurs chefs.
Nous parlerons moins encore des villes livrées au pillage et abandon-
nées à la fureur aveugle des soldats. Ces faits, quoiqu'il y en ait encore quelques-uns que l'on pourrait citer, sont devenus très rares, et
ont toujours soulevé, avec raison, l'indignation générale contre leurs
auteurs. Nous nous bornerons à rappeler ce qui arrive dans toutes les
guerres d'invasion, sans donner lieu à aucune réclamation ; ce qui est
en réalité le droit de la guerre, que toutes les nations acceptent et
exercent comme tel.

Une armée entre dans le pays ennemi ; elle est dans la nécessité de
pourvoir à sa subsistance, et, autant que possible, sans épuiser ses
propres magasins ; elle doit vivre, comme l'on dit, sur le pays ennemi. Par quels moyens peut-elle y parvenir ? Elle ordonne aux habitants d'apporter les blés, les farines, les bestiaux dont elle a besoin,
et si ses ordres ne sont pas exécutés, elle emploie la force et enlève
de la maison de chaque habitant non-seulement les vivres, les marchandises, mais encore l'argent. Toutes les bêtes de somme et de
trait, tous les moyens de transport sont mis en réquisition pour le
service de l'armée, et les propriétaires eux-mêmes sont entraînés loin
de leur pays pour faire les charrois ; trop heureux encore si on leur

permet de remmener dans leurs foyers les animaux qu'ils ont conduits, et qui souvent forment toute leur fortune ; trop heureux s'ils échappent aux traitements les plus inhumains! Ainsi donc récoltes, bestiaux, bêtes de trait ou de somme, moyens de transport, argent même, tout est enlevé au sujet ennemi. La France, elle-même, agit ainsi en Algérie ; elle vide les silos, s'empare des troupeaux, prend en un mot tout ce qui appartient aux sujets ennemis, et elle ne dépasse pas le droit de la guerre ; elle ne viole pas ses devoirs. La Russie dans le Caucase, l'Angleterre dans tous les pays où elle porte ses armes, les Etats-Unis d'Amérique eux-mêmes, agissent de la même manière. L'Autriche entrant dans le Piémont, en 1859, ne fit pas autrement, et cependant on ne peut pas dire que le général Giulay ait outrepassé ses droits ; on ne lui a jamais fait sérieusement le reproche d'avoir violé les lois internationales.

Il arrive souvent que les nécessités de la guerre imposent aux populations des sacrifices beaucoup plus grands encore. Combien de fois n'a-t-on pas vu l'ennemi incendier et détruire les récoltes même sur pied, brûler les maisons avec tout ce qu'elles contenaient, en un mot, anéantir toutes les propriétés des sujets ennemis? Et ces faits si désastreux, qui frappent surtout les provinces que l'ennemi est forcé d'évacuer, ont lieu, non pas pour en tirer une utilité quelconque pour lui-même, non pas pour vivre aux dépens de la conquête, mais seulement pour priver l'adversaire des ressources que le pays aurait pu lui fournir. Quelquefois même ce dernier prétexte n'existe pas. C'est ainsi que les pêcheurs de la mer d'Azof ont eu leurs filets détruits, leurs barques brûlées, leurs pêcheries anéanties par les bâtiments anglais qui avaient pénétré dans cette mer lointaine. On a même vu des souverains, se sentant incapables de repousser une invasion, anéantir toutes les propriétés de leurs propres sujets, pour mettre l'armée ennemie dans l'impossibilité de vivre dans un pays dévasté et privé de toutes ses ressources.

Tel est le droit de la guerre, et ce droit a toujours été exercé sur terre dans toute sa plénitude. Cela est si vrai, que dans toutes les capitulations, le vaincu demande et souvent obtient la stipulation expresse que les propriétés privées seront respectées. Cette convention spéciale, qui, le plus souvent, est achetée par une contribution de guerre en argent, serait un non-sens si la loi générale de la guerre terrestre imposait à l'ennemi l'obligation de ne pas toucher les propriétés privées. Mais elle est au contraire très utile, elle est indispensable même, parce que le droit international ne contient rien de semblable.

Comment donc peut-on affirmer que la propriété privée des sujets
ennemis est respectée dans les guerres terrestres? Nous ignorons quelle
peut être la cause de l'*erreur* commise sur ce point par les auteurs des
propositions de 1856 et de 1859, et par tous ceux qui les ont suivis
dans cette voie. Quant à Galiani, il a pris soin lui-même, dans la courte
note où il émet le vœu que nous combattons (1), de nous indiquer la
source de son *erreur*. Il a pris pour point de comparaison entre la
guerre maritime et la guerre terrestre, une grande ville et un navire de
commerce; il s'étonne que la cité et les propriétés mobilières qu'elle
renferme soient respectées par le vainqueur, tandis qu'un corsaire,
sujet du même conquérant, enlève le navire et tout ce qu'il porte. Il est
facile de comprendre que cette comparaison erronée devait conduire
l'auteur à une fausse conclusion.

Il arrive souvent, en effet, que dans les villes prises même sans
capitulation, l'ennemi fait respecter les propriétés privées. Cette modération n'est pas le résultat d'un devoir; elle n'a pas pour base une
loi internationale, elle prend sa source dans l'intérêt même du conqué
rant. Sans répéter ici ce que nous avons dit en parlant des propriétés
immobilières, nous nous contenterons de faire remarquer que le pillage,
outre le grand danger qu'il entraînerait de la part des habitants exas-
pérés, serait sans aucun avantage pour l'armée envahissante et serait
même nuisible pour elle. Comment, en effet, transporter cette masse
d'objets mobiliers de toute nature pour les faire profiter aux capteurs?
Quels moyens de transport pourrait-on employer pour les faire parvenir
sur le territoire, souvent éloigné, du conquérant? Les laisserait-on
aux soldats? Mais tout le monde sait que le soldat surchargé de butin
n'est plus propre à la guerre; qu'il ne peut ni soutenir les marches ni
livrer de combats. Il serait également impossible de les conserver sur
place; d'ailleurs la plus grande partie de ces objets seraient complète-
ment inutiles à une armée en campagne. Tout serait bientôt gaspillé et
perdu, et l'armée serait privée de toutes les ressources qu'elle aurait
pu tirer de la ville et de ses habitants; elle serait bientôt forcée d'aban-
donner sa conquête, ou, si elle la conservait, elle ne pourrait le faire
qu'en faisant peser sur son propre pays des sacrifices qu'elle aurait pu
lui éviter en agissant avec plus de modération à l'égard de la ville
prise. En laissant au contraire les citoyens en possession de leurs biens
mobiliers, le vainqueur les maintient dans le calme et la tranquillité,

(1) Voyez ci-dessus le texte même de cette note, p. 4.

et se réserve toujours la faculté de profiter de ces dépôts, de ces magasins, dans la mesure de ses besoins; il conserve le droit de réquisition pour en user en temps opportun, et celui de frapper des contributions de guerre pour payer, aux dépens de la cité, ses troupes et même les denrées achetées par lui aux habitants. En un mot, il vit sur le pays conquis. Ce sont sans doute quelques exemples de cette modération qui ont causé l'erreur de Galiani.

L'intérêt de l'envahisseur, qui est toujours la mesure exacte de son désintéressement apparent, peut se présenter sous d'autres formes. Toute invasion a pour but ou d'occuper temporairement le pays, pour priver le gouvernement ennemi des ressources qu'il en tirait et le forcer à faire la paix, ou de s'emparer définitivement de la partie conquise pour la joindre à ses États. Nous venons de montrer les raisons qui, dans la première hypothèse, doivent engager le conquérant à se montrer très clément à l'égard de la propriété ennemie. Dans la seconde, son intérêt est plus grand encore. Il doit, en effet, ménager ses nouveaux sujets pour se concilier leurs sympathies et pour conserver la prospérité de ses nouveaux États, afin d'en tirer des avantages plus considérables. Dans notre siècle, d'ailleurs, quel est le souverain qui pourrait se résoudre à régner sur des ruines et sur la misère?

La guerre de 1859 nous fournit un exemple frappant de cette espèce spéciale d'intérêt qui peut porter un belligérant à respecter les propriétés privées des sujets de son adversaire. La France avait entrepris la campagne d'Italie pour soustraire la Lombardie et la Vénétie au joug de l'Autriche, et pour les incorporer aux États de son allié le roi de Sardaigne. Entrées dans la première de ces provinces, les troupes françaises ont respecté avec la plus scrupuleuse attention toutes les propriétés de ceux qu'elles regardaient comme des frères et qu'elles venaient arracher à la domination étrangère. Tous les objets, les vivres même qu'elles avaient à demander au pays conquis, furent exactement payés. D'ailleurs l'Empereur, dans sa prévoyante sollicitude pour ses soldats et pour les Italiens, avait pris toutes les précautions possibles pour que son armée n'eût que bien peu de chose à demander au pays conquis. Aussi peut-on affirmer que jamais guerre ne causa moins de dommage aux habitants, et que la présence des Français fut pour ce pays, même au point de vue de l'intérêt matériel, un grand bienfait.

Le même principe régit donc les propriétés privées mobilières et immobilières; d'après le droit de la guerre terrestre, elles sont soumises à la loi qu'il plait au vainqueur de leur imposer : elles peuvent être saisies et confisquées. En fait, la propriété mobilière du moins devient le plus souvent la proie du vainqueur. Son intérêt est toujours la base et la mesure de sa modération; il ne renonce à exercer une partie du droit que lui donne la guerre, que pour retirer de la guerre même de plus grands avantages.

Un seul point de l'argument mis en avant par les partisans de la proposition de M. Marcy nous reste à examiner. Les hommes désarmés, paisibles, les laboureurs, les artisans, sont respectés sur terre par le conquérant, tandis que sur mer les matelots désarmés et paisibles aussi, chargés de la conduite des navires marchands, sont emmenés loin de leur pays et retenus prisonniers. Cette différence existe réellement; nous en donnerons la principale cause ci-après, mais nous devons dès à présent réduire à sa juste valeur la modération des armées envahissantes. Ici encore l'intérêt bien entendu de la conquête est la source unique de cette modération. Si l'invasion a pour but l'annexion d'une province, le vainqueur ne peut, ne doit ni détruire ni enlever la population; si au contraire il ne s'agit que d'une occupation temporaire, cette population est précieuse pour l'armée qu'elle fait vivre par son travail. D'ailleurs, il est matériellement impossible d'emmener prisonnier un peuple tout entier, de le transporter au loin dans un lieu sûr, et de le garder; et quand il serait possible, ce moyen serait tellement onéreux pour le conquérant qu'il se verrait dans la nécessité d'y renoncer. L'intérêt du belligérant est donc l'unique règle de sa conduite.

Nous pouvons conclure que la guerre maritime n'offre avec la guerre terrestre aucune des dissemblances qu'invoquent M. Marcy et ses partisans, à l'appui de leur proposition. Le principal fondement sur lequel on voulait asseoir le nouveau système s'écroule, et avec lui s'évanouissent toutes les conséquences plus ou moins philosophiques et humanitaires que l'on en voulait tirer.

Mais admettons un instant que la guerre terrestre déploie réellement toute l'humanité que l'on a bien voulu lui attribuer; supposons qu'elle se montre pleine de modération et qu'elle respecte d'une manière absolue, non-seulement les propriétés immobilières qu'elle ne peut enlever, mais encore les propriétés mobilières des sujets de l'ennemi; nous prouverons facilement que cette conduite ne peut être appliquée à la guerre maritime.

La mer, par sa nature même, diffère essentiellement de la terre; sans entrer ici dans l'examen approfondi de ces différences, il nous suffira d'en signaler une seule et d'en tirer les conséquences, pour prouver que les règles applicables au sol terrestre ne sauraient l'être à l'Océan.

La terre est, par sa nature même, susceptible de subir le joug de l'homme, d'être possédée par lui et entièrement soumise à sa puissance ; en fait, toute la surface terrestre habitée par les peuples civilisés est possédée en propre par les diverses nations. Chacune d'elles commande en maître sur la portion de cette surface qui lui appartient ; puis, la propriété utile de ce même territoire est répartie entre les citoyens et régie par les lois intérieures de l'État. Mais par ce fait même que la terre est possédée en propre par les citoyens, par les nations, elle est soumise aux chances de la guerre, et par conséquent de la conquête ; parce que la conquête est de tous les moyens de nuire à l'ennemi le plus direct et le plus efficace, puisqu'elle enlève au vaincu toutes les ressources indispensables pour continuer la guerre. Ces ressources, en effet, hommes et choses, se trouvent soumises au conquérant, qui en use pour son propre compte. Devenu souverain du sol, il est par cela même souverain du peuple et de ses possessions. Alors même qu'il n'abuse pas de ce droit, qu'il respecte ces propriétés, il en tire tous les produits, tous les avantages que l'ancien possesseur pouvait y trouver.

La mer, au contraire, est essentiellement libre ; elle ne peut être possédée à aucun titre ni public ni privé ; par aucun peuple, par aucun homme. Mais par cela même qu'elle n'appartient à personne, elle appartient à tout le genre humain. Toutes les nations peuvent en user pour la navigation, pour la pêche et pour tous les autres avantages qu'elles peuvent en tirer. En fait, toutes les nations se servent de la mer, qui est comme le trait d'union destiné par la Providence à relier entre eux les peuples les plus éloignés. Les belligérants se rencontrent sur ce vaste espace commun ; ils s'y combattent, non pour s'emparer du lieu sur lequel flottent leurs vaisseaux, mais pour enlever la propriété de l'ennemi, les vaisseaux eux-mêmes, ou du moins pour la détruire. La différence peut se formuler ainsi : sur terre, la conquête du sol prive l'ennemi des ressources que lui donnent les propriétés publiques et privées, pour les transporter au vainqueur. Sur mer, le seul moyen de nuire à l'ennemi est de le priver des avantages qu'il tire des propriétés publiques ou privées, pour profiter soi-même de ces avantages, en s'emparant de ces propriétés. Si on laisse passer un navire, si on le respecte, puisque c'est le mot consacré par les novateurs, il sera conduit avec tout son chargement dans les ports de l'ennemi, qui, désormais, en tirera tout le profit, soit direct par la consommation, soit indirect par l'impôt, et même par la prospérité de ses propres sujets. Si, au contraire, le bâtiment est pris par l'autre belligérant, il sera envoyé dans le pays de ce dernier, où il portera tous les avantages dont l'adversaire sera complétement privé.

Un exemple rendra cette différence plus frappante. Lorsque les Français s'emparèrent de la Lombardie, si cette conquête avait été une conquête ordinaire, ils pouvaient parfaitement respecter tous les blés, tous les fourrages qui appartenaient aux habitants des terres conquises, parce que, d'une part, l'Autriche ne pouvait plus profiter de ces denrées, et que, de l'autre, elles restaient à la disposition des vainqueurs, qui pouvaient en faire usage lorsqu'ils le jugeraient utile. Mais supposons ces mêmes blés, ces mêmes fourrages, chargés sur un navire autrichien rencontré par un croiseur français : si ce dernier doit respecter cette propriété, le navire ira à Venise ou dans tout autre port appartenant encore à son souverain, et sa cargaison servira exclusivement aux sujets autrichiens, au gouvernement autrichien, qui en tirera tous les avantages, qui peut-être même en fera l'acquisition pour nourrir son armée; qui, par conséquent, deviendra plus fort, plus en état de continuer la lutte.

Il existe en outre une différence très essentielle entre la propriété privée à terre et cette même propriété sur mer. La première, nous croyons l'avoir démontré, n'est pas toujours susceptible d'être prise et confisquée par le conquérant, soit à cause de la population, dont la soumission est très importante, soit à cause de la difficulté ou plutôt de l'impossibilité de la transporter dans le pays étranger. C'est pour cette dernière raison que souvent, lorsqu'il se trouve dans la nécessité d'évacuer sa conquête, le vainqueur incendie et détruit les propriétés mobilières privées, afin d'enlever à son adversaire les ressources qu'il pourrait en tirer.

Il n'en est pas ainsi sur mer. Le navire, quelque grand qu'il soit, est monté par un petit nombre d'hommes dont la révolte ne peut être à craindre pour le capteur. Les marchandises sont sur le véhicule même qui peut les transporter aussi facilement dans un port appartenant à son nouveau souverain, qu'il les aurait transportées dans celui de l'ancien propriétaire ; sans aucuns frais, sans aucun effort, il change de route et se rend avec tout son chargement au lieu de la destination nouvelle qui lui est assignée.

Le navire lui-même est une espèce de propriété spéciale dont il importe de préciser la nature, parce que seule elle suffit pour justifier la capture à laquelle elle est, et à laquelle, dans notre opinion, elle doit rester soumise. Le bâtiment de mer est à la fois la maison des hommes qui le dirigent, un vaste magasin mobilier et un moyen rapide et sûr de transporter dans les pays lointains toutes les choses et tous les individus que l'on peut y placer. Il n'existe pas à terre d'objet mobilier qui puisse être comparé au navire. Mais ce chef-d'œuvre de l'industrie humaine n'est pas seulement propre aux opérations pacifiques du commerce ; il n'est pas exclusivement apte aux usages de la paix, il peut aussi servir à toutes les opérations de la guerre. Sans être soumis à la moindre transformation, il peut être employé à transporter des troupes, soit pour défendre les possessions lointaines menacées par l'ennemi, soit pour attaquer celles de cet ennemi, et faire une descente sur son territoire. Il peut être utilisé pour porter des vivres et des munitions de toute espèce, et coopérer de la manière la plus efficace à tous les actes de la guerre.

La France et l'Angleterre surtout, les deux nations les plus puissantes par leurs flottes, se sont servies des navires du commerce pour transporter leurs armées sur les côtes de la mer Noire ; et, sans le secours de la marine privée, il leur eût été très difficile, impossible peut-être, d'entretenir leurs forces débarquées à plus de mille lieues de leur pays, d'envoyer les vivres, les munitions, l'artillerie, nécessaires pour terminer glorieusement un siége qui restera justement célèbre dans l'histoire des nations.

Mais il y a plus, il n'existe pas un seul navire de commerce qui ne soit propre à devenir une machine de guerre, et cela, sans exiger de grandes dépenses. Tout bâtiment, grand ou petit, peut recevoir un armement proportionné à sa force et être employé au combat, non-seulement comme corsaire, ce qui, aujourd'hui, paraîtrait peu important aux yeux de quelques personnes, mais même par son emploi immédiat et direct par l'État, emploi que la déclaration de 1856 n'a pas aboli. Au reste, les États-Unis savent parfaitement quel immense parti on peut tirer, à la guerre, des navires particuliers armés ; la dépêche de M. Marcy, du 28 juillet 1856, elle-même nous l'apprend.

En poursuivant notre comparaison entre la guerre maritime et la guerre terrestre, nous arrivons à constater l'immense différence qui existe entre les hommes de mer et ceux que leurs occupations retiennent au sol. On a comparé le marin au laboureur et à l'artisan ; nous nous étonnons que des hommes qui ont, ou du moins qui doivent avoir quelques connaissances des choses de la mer aient pu commettre une si grande erreur. En quelques mois un laboureur, un artisan, peut devenir un bon soldat ; il ne deviendra presque jamais un bon matelot, alors même qu'il pourrait passer un très long temps à apprendre cet état spécial. Le métier de marin est difficile ; il faut un long apprentissage pour faire un matelot ; il faut le plus souvent s'être, dès l'enfance, familiarisé avec la mer ; et même alors plusieurs années de navigation sont nécessaires pour former ces hommes à leur rude mais si utile travail, pour les habituer à cette vie que nous n'avons pas craint d'appeler contre nature. Mais, une fois formé, cet homme spécial est, en même temps, homme de mer et homme de guerre. Dans tous les pays du monde, et quel que soit le mode de recrutement des équipages de la flotte, les marins qui montent les navires du commerce sont, en cas de besoin, appelés à manœuvrer les bâtiments de guerre. Aussitôt qu'ils sont rentrés dans un des ports de leur pays, ils peuvent être levés pour le service de l'État, pour faire la guerre. Ces hommes ne peuvent pas être remplacés par d'autres : il faut être marin pour faire le métier de marin ; ils sont donc indispensables en temps de guerre maritime.

Un fait historique prouvera la vérité que nous avançons beaucoup mieux que tous les raisonnements. En 1755, l'Angleterre, avant toute déclaration de guerre, fit enlever par ses bâtiments tous les navires français occupés à la pêche de la morue, et le premier ministre de cette puissance expliqua en plein parlement l'importance de cette capture, qui, avant même le commencement des hostilités, privait la France de dix à douze mille matelots. Loin de nous la pensée d'approuver ou même de justifier un fait aussi contraire aux lois de l'honneur qu'à celles qui régissent les nations, un acte de piraterie ; mais le ministre anglais disait la vérité : il avait porté une grave atteinte à la puissance maritime à laquelle il voulait faire la guerre. Nous le demanderons, quel dommage eût fait à la France l'enlèvement d'un pareil nombre de soldats ou d'un nombre décuple de cultivateurs ?

Il n'y a donc aucune comparaison possible entre les propriétés privées à terre et les propriétés privées sur mer ; entre le navire, même de commerce, flottant sur l'Océan, et toute espèce de propriété terrestre ; enfin, entre le matelot et le laboureur, l'artisan, ou tout autre individu habitué à vivre sur la terre. Les différences sont si grandes, si absolues, qu'il est impossible de pouvoir appliquer à ces choses et à ces hommes des règles uniformes. Ainsi, en admettant même, ce qui n'est pas, que la propriété privée des sujets ennemis sur terre soit respectée, nous soutenons que la propriété privée des sujets ennemis sur mer doit continuer à être soumise à la prise et à la confiscation. C'est ce qu'il nous sera facile de prouver.

M. Marcy, et après lui les négociants de Brême et de Hambourg, et

les publicistes qui ont embrassé la même cause, présentent la mesure
par eux proposée comme impérieusement réclamée par les lois de l'humanité ; c'est la seconde base qu'ils donnent à leur système. Nous
avons anéanti la première, examinons celle-ci ; nous ne pensons pas
qu'elle soit plus solide. Depuis quelques années on a singulièrement
abusé du prétexte de l'humanité pour couvrir des systèmes qui étaient
fort peu humains ; mais ce mot est toujours accueilli avec faveur par le
grand nombre ; il est par conséquent bien propre à voiler les desseins
les plus habiles et les plus contraires aux principes de l'humanité invo-
quée. La proposition de rendre inviolable la propriété privée des sujets
ennemis sur mer est dans ce cas : non-seulement elle n'est pas conforme aux lois de l'humanité, mais encore elle est complétement contraire à ces lois sainement entendues.

La guerre est le fléau le plus terrible dont Dieu puisse affliger le
genre humain ; mais il n'est pas seulement terrible par le nombre
d'hommes qui succombent sous les coups immédiats de l'ennemi, il l'est
encore, et surtout, par les conséquences moins immédiates peut-être,
mais inévitables, qu'il entraîne. Les peuples souffrent beaucoup plus
par ces conséquences que par les faits directs de la guerre. Les maladies, les privations, les fatigues, font beaucoup plus de victimes que
le fer et le feu. Ce ne sont pas seulement les soldats appelés sous les
armes qui souffrent de ce fléau ; tous les citoyens des États belligérants
sont frappés par les suites de la guerre : l'absence de commerce, la
stagnation des affaires, les bras enlevés à la culture du sol, l'augmen-
tation des impôts, et trop souvent l'invasion avec toutes les dépréda-
tions et toutes les misères qui l'accompagnent, pèsent sur les populations tout entières ; et le fardeau devient de plus en plus lourd à
mesure que la guerre se prolonge, à mesure qu'elle consomme un
plus grand nombre d'hommes et qu'elle engloutit de plus immenses
trésors. Cette aggravation n'est pas seulement en raison directe de la
durée du fléau ; elle se fait sentir dans une proportion beaucoup plus
forte, qu'il est impossible de formuler d'une manière mathématique,
mais qui est incontestable.

Cependant la guerre est absolument nécessaire ; elle est la seule
barrière qui puisse être opposée aux passions humaines, le seul frein
que l'on puisse mettre à la tyrannie, à l'ambition des nations. La
guerre sera nécessaire, indispensable même, tant que la nature humaine ne sera pas complétement changée. Aussi longtemps qu'il
s'élèvera des contestations et des procès entre les citoyens d'un
même État, aussi longtemps qu'il se trouvera des hommes capables

de commettre des vols ou des assassinats, la guerre devra exister. C'est
le tribunal unique qui puisse juger les peuples. Les nations sont à
l'égard les unes des autres dans un état d'indépendance absolue. L'offensé n'a d'autres ressources que d'en appeler aux armes, de se faire
justice lui-même, et de réduire l'offenseur à réparer sa faute ou son
crime. La guerre est donc un mal nécessaire; mais il est juste, il est
conforme aux lois de l'humanité de limiter ses ravages le plus possible.
A nos yeux le seul moyen d'atteindre ce but est de limiter la durée du
fléau. En agissant ainsi, on parviendra à diminuer les fatales conséquences dont nous venons de parler; les maladies, les fatigues, les
privations de tout genre, qui font un si grand nombre de victimes,
seront abrégées; les impôts pèseront moins lourdement et moins longtemps sur les populations; tous les citoyens, même ceux qui ne prennent
pas une part active aux hostilités, verront leurs souffrances allégées.

Mais pour que la guerre soit de courte durée, il faut lui laisser toute
son énergie; il faut que les belligérants puissent user du droit qu'ils
tiennent de la loi primitive, de se servir réciproquement de tous les
moyens directs, admis par la morale des nations, afin que l'un des
deux soit réduit à demander ou à accepter la paix le plus promptement
possible. La guerre doit être terrible, afin d'inspirer un grand effroi
aux peuples et aux souverains, parce que cet effroi peut les détourner
de vaines querelles, les porter à se montrer plus modérés dans leurs
prétentions, même les plus justes; et, par conséquent, éviter les rup-
tures, ou abréger les hostilités. C'est dans cette conviction que nous
avons applaudi à toutes les découvertes, à tous les perfectionnements
qui, de nos jours, rendent les armes de guerre si meurtrières. Ces
inventions, ces perfectionnements sont, en réalité, des services ren-
dus à l'humanité, parce qu'en faisant la guerre plus terrible, ils en
abrégeront forcément la durée, et, par conséquent, épargneront aux
nations belligérantes d'immenses souffrances et même conserveront la
vie à un grand nombre de soldats.

S'il est besoin de donner des preuves de ce que nous avançons, les
dernières années de notre histoire les fourniront. Depuis six ans, deux
grandes guerres ont été entreprises et glorieusement terminées par la
France. Toutes les deux ont été courtes, sans doute; mais cependant
l'une d'elles a duré près de deux ans, tandis que l'autre s'est terminée
en quelques semaines. Dans toutes les deux, de grandes nations militaires se heurtaient les unes contre les autres; mais, sous le rapport de
l'humanité, même en ne considérant que les hommes directement employés au service, il y eut une immense différence.

Dans l'expédition d'Orient, l'armée française, même avant d'avoir rencontré l'ennemi, avait déjà fait des pertes très sensibles. Quatre batailles et les nombreux assauts donnés pendant le siége de Sébastopol firent beaucoup moins de victimes humaines que les maladies, les privations et les souffrances de tout genre, que durent subir les troupes pendant cet hiver si rigoureux passé sur le sol inhospitalier, et même que les premières chaleurs de l'été, lorsque les deux parties, réconciliées, négociant déjà les préliminaires de la paix, restaient en présence sans se livrer aucun combat. Que l'on calcule le nombre des victimes, et l'on verra que les conséquences de la guerre sont beaucoup plus terribles que la guerre, alors même qu'elle est conduite avec la vigueur qui a caractérisé cette lutte acharnée. D'un autre côté, si nous jetions un coup d'œil sur les armées ennemies, si nous examinions les vides immenses faits dans les troupes russes, nous verrions que les soldats qui ont été victimes des conséquences que nous signalons, souvent même des seules fatigues de la route et avant d'avoir aperçu l'armée alliée, ont été beaucoup plus nombreux que ceux qui sont tombés sur les champs de bataille. Mais que serait devenue cette guerre, si la sagesse de l'Empereur n'y eût mis fin aussitôt qu'il eut atteint le but désiré, si la modération après la victoire ne lui avait fait proposer à son puissant ennemi des conditions honorables pour tous? Sans doute, la France et ses alliés auraient triomphé; mais de quels cruels sacrifices auraient été payés ces nouveaux triomphes!

La guerre d'Italie fut si rapidement conduite que les conséquences désastreuses dont nous parlons eurent à peine le temps de se développer. Là, pas de maladies, pas de ces souffrances extrêmes qui frappent de mort, mais des combats nombreux, incessants, et trois ou quatre batailles en six semaines. C'est une guerre terrible, il est vrai, mais c'est la guerre faite dans l'intérêt de l'humanité. Le nombre des victimes a été considérable, beaucoup trop considérable; mais il eût été beaucoup plus grand encore si les armées belligérantes avaient dû tenir la campagne pendant tout l'été dans les plaines humides de la Lombardie et de la Vénétie, si elles avaient dû hiverner sur les champs de bataille. Nous avons négligé de faire figurer dans ce tableau comparatif les maux que la guerre fait peser sur les populations entières des pays belligérants, maux que nous avons déjà signalés. Les effets de la durée des hostilités sur les armées suffisent pour établir le principe que nous soutenons.

Nous pouvons donc dire avec vérité que la guerre énergiquement conduite, que la guerre la plus courte, est en même temps celle qui fait directement le moins de victimes et qui inflige aux nations le moins de souffrances. Nous pouvons affirmer, par conséquent, que les moyens qui tendent à abréger la durée des hostilités sont les seuls qui puissent être considérés comme conformes aux lois de l'humanité. Le système proposé par M. Marcy, et par les villes de Brême et de Hambourg, est-il de nature à atteindre ce résultat? Évidemment non ; bien loin de là, il aurait pour effet nécessaire de prolonger les guerres ou de les rendre plus désastreuses.

Le droit du belligérant est de nuire à son ennemi par tous les moyens directs qu'il possède ; le but de la guerre est de contraindre l'ennemi à faire la paix ; ces principes sont incontestables, on peut même dire incontestés. Ainsi que nous venons de le démontrer, toutes les mesures qui sont de nature à rendre la guerre plus courte, c'est-à-dire à accélérer la soumission de l'ennemi, sont des mesures conformes aux règles de l'humanité. La capture des propriétés privées de l'ennemi sur mer, la confiscation de ses navires marchands, la détention de ses hommes de mer, la ruine de son commerce maritime, sont-elles de nature à le réduire à demander ou à accepter la paix? Depuis longtemps déjà, mais surtout dans notre siècle, le commerce maritime est pour les nations qui s'y livrent une source de richesses et de prospérité, et par conséquent de forces réelles. On peut affirmer que de nos jours il n'existe pas un seul peuple navigateur qui puisse continuer la guerre après la ruine de sa marine marchande, ou même qui puisse résister longtemps à l'interruption complète de son commerce sur mer. La détention des hommes de mer, la prise des navires a, en outre, pour résultat inévitable de rendre les expéditions militaires lointaines, sinon complétement impossibles, du moins excessivement difficiles, et de livrer tous les établissements d'outre-mer à la merci de l'ennemi. La nation la plus puissante du monde sur l'Océan, la Grande-Bretagne, serait forcée d'accepter les conditions de paix les plus onéreuses, si son ennemi parvenait à ruiner sa marine marchande ou même à la priver, pendant quelques mois seulement, de l'arrivée des cotons de l'Amérique du Nord, ou des débouchés indispensables à ses cotons fabriqués. La prise de la propriété privée sur mer est donc un moyen très efficace de nuire à l'ennemi ; elle est de nature à forcer un des deux adversaires à faire la paix, et par conséquent à abréger la durée du fléau de la guerre.

Si l'on admet que la propriété privée sur mer est inviolable, le contraire arrivera nécessairement. Le commerce continuera à se faire comme en temps de paix ; les fabriques, alimentées par les matières premières exotiques, dont le prix n'aura pas même varié, travailleront

et exporteront leurs produits comme par le passé ; l'État trouvera dans
cette prospérité les moyens d'entretenir ses armées, de réparer et
d'augmenter ses flottes, de continuer les hostilités, et même de les
étendre. Les navires de commerce rentrés dans les ports serviront de
transports militaires, les matelots seront levés pour le service des bâtiments de guerre, lorsque le besoin s'en fera sentir. L'adoption de ce
système aurait donc pour résultat de prolonger les hostilités et toutes
les calamités qu'elles entraînent ; mais là ne s'arrêteraient pas ses funestes conséquences : elle rendrait en outre la guerre plus cruelle, plus
atroce. En effet, il n'est pas possible qu'un peuple consente à rester
éternellement en guerre avec un voisin qu'il ne peut plus parvenir à
vaincre ; privé d'un moyen efficace de nuire à son adversaire, il en
cherchera d'autres. Le commerce maritime est une des principales ressources de son ennemi, il prendra toutes les mesures possibles pour le
priver de ces avantages ; ne pouvant plus s'emparer des navires sur la
haute mer, il les détruira dans leurs refuges ; ne pouvant ruiner le commerce sur l'Océan, il l'anéantira dans les ports. Il attaquera de vive
force, il bombardera toutes les villes maritimes. L'humanité aura alors
à déplorer des malheurs beaucoup plus grands, beaucoup plus réels,
que la prise des navires marchands et la détention des hommes qui les
montent.

Le projet dont il s'agit est non-seulement contraire aux lois de l'humanité, sainement entendues, mais encore aux règles les plus sacrées de la morale internationale, et même de la morale privée. Son
adoption aurait pour résultat d'assurer l'impunité de tous les attentats
commis par les peuples, et aussi de créer, dans l'intérieur des États
belligérants, une classe d'hommes tout à fait en dehors des calamités
publiques, et profitant, pour s'enrichir, des malheurs qui pèsent sur
leurs concitoyens.

Un peuple éloigné, et qui ne peut être atteint que par mer, se rend
coupable des actes les plus criminels envers un autre État, même plus
puissant que lui ; il refuse toute satisfaction et consigne tous ses bâtiments de guerre dans ses propres ports, fortifiés avec soin et mis à l'a-
bri des attaques. Comment l'offensé pourra-t-il se faire justice, si la
propriété privée de son ennemi est déclarée inviolable? Il faudra
donc armer une puissante flotte, envoyer une armée nombreuse, faire
la conquête du pays. Mais il est peu de nations qui puissent entre-
prendre de semblables expéditions et supporter les frais qu'elles entraînent. Le coupable restera donc impuni ; il aura pu se jouer de
toutes les lois de l'honneur international, et être assuré de n'avoir

jamais rien à craindre de ses victimes. Si, au contraire, la propriété
privée sur mer reste soumise à la prise, ce peuple recevra immédiatement le châtiment qu'il a mérité ; il sera promptement réduit à réparer
ses crimes.

D'un autre côté, n'est-il pas contraire à toutes les notions du juste
de voir les citoyens de pays engagés dans les hostilités continuer tran-
quillement leur négoce les uns avec les autres, tandis que leurs concitoyens se combattent à outrance ; s'enrichir aux dépens de ceux-là
même qui sacrifient leur vie pour la défense de la patrie commune?
Cette séparation absolue des intérêts de quelques particuliers privilégiés des intérêts généraux de leur pays serait loin d'être un progrès :
ce serait un retour à l'état d'isolement primitif et de barbarie, au profit
de quelques hommes qui ont su n'avoir plus d'autre culte que celui de
l'argent.

Mais comment une idée aussi contraire à la saine raison a-t-elle pu
être mise en avant par des hommes qui, cependant, ont brillé par leurs
lumières et ont laissé des noms justement célèbres? par l'abbé Mably
et par Galiani? par Franklin et par Frédéric? Comment une proposition de cette nature a-t-elle été faite, au nom du gouvernement des
États-Unis, par un ministre américain, et, plus tard, renouvelée par les
citoyens de deux villes commerçantes?

La première question est à peu près résolue par l'exposé historique
qui précède. L'abbé Mably et Galiani ont émis cette opinion sans la
discuter, sans l'examiner, et en quelque sorte d'une manière inci-
dente ; ils n'ont pas même formulé une proposition. Quant à Franklin
et au roi de Prusse, ils n'étaient pas fâchés, sans doute, de faire parade
de leurs idées philosophiques ; ils savaient qu'ils pouvaient sans aucun
danger se donner cette satisfaction dans un traité entre deux nations que leur situation géographique et la nature de leurs relations
mettaient à l'abri de toutes chances de collision.

La seconde question doit être divisée. Examinons d'abord la plus
importante, celle qui concerne les États-Unis d'Amérique.

Dans ce pays, les idées humanitaires sont, tout le monde le sait,
subordonnées aux intérêts matériels. Nous sommes loin de blâmer la
politique des États de l'Union sur ce point ; nous croyons, nous aussi,
qu'ils ont fortement raison de mettre le salut et la prospérité de l'État
au-dessus de toutes les utopies, plus ou moins philanthropiques, qui
peuvent passer par la tête des philosophes. Ce n'est donc pas par humanité que le cabinet de Washington a ressuscité, en 1856, l'idée de
Franklin, qui sommeillait oubliée depuis 1792 ; et s'il s'est servi du

mot *humanité*, c'est qu'il n'ignore pas la puissance que ce mot exerce sur les peuples de l'Europe, plus vieux sans doute, mais beaucoup moins positifs que les négociants de New-York et de la Nouvelle-Orléans. Il a donc obéi à un autre mobile, et ce mobile n'est autre que son intérêt. Nous avons dit ailleurs (1) quel était cet intérêt; il est indispensable de donner ici quelques développements.

La politique américaine avait un double but en proposant à l'Europe de déclarer la propriété privée inviolable sur les mers.

Tout le monde connaît le système non pas inventé, mais hautement proclamé par le président Monroë, et depuis beaucoup étendu, développé et même complétement changé par ses successeurs. D'après ce système tel qu'il est entendu aujourd'hui, la république américaine se croit en droit de prétendre à la domination non-seulement de l'Amérique septentrionale tout entière, mais encore des deux parties du nouveau monde et de toutes les îles qui en dépendent. Or, pour arriver à son application, il faut, avant tout, soutenir avec Monroë, mais dans un autre sens que celui qu'il donnait, en 1820, à cette prétention (2), qu'aucune puissance européenne n'a le droit de se mêler de ce qui se passe en Amérique; que tout ce qui peut arriver sur le continent doit rester complétement indifférent aux habitants de l'ancien monde.

Mais les États-Unis pourraient longtemps soutenir un pareil principe sans le faire adopter par la France, par la Russie, et surtout par l'Angleterre. Ces deux dernières puissances possèdent dans l'Amérique septentrionale des colonies dont la surface est beaucoup plus considérable que celle même des États de l'Union (3); elles ne peuvent donc pas admettre qu'elles doivent rester étrangères à des affaires qui, réellement, les touchent de très près; et que le gouvernement américain ait seul le droit de régler ces affaires au gré de son ambition et de ses intérêts. Or, ce que le cabinet de Washington ne peut obtenir par la voie directe, il cherche à se l'assurer par une voie indirecte; c'est pour arriver à ce but qu'il a fait la proposition dont nous nous occupons.

Le second mobile qui pousse les Américains dans cette voie n'est pas

(1) Voyez notre *Histoire des origines, des progrès et des variations du droit international maritime*, tit. 6.

(2) A cette époque, le président Monroë n'avait d'autre but que d'empêcher les souverains européens formant la sainte Alliance d'intervenir pour empêcher, par la force, les colonies de quelques-uns d'entre eux de conquérir leur liberté.

(3) Les possessions anglaises de l'Amérique du Nord occupent une superficie de trois millions de milles carrés; celles de la Russie, cinq cent mille milles.

moins important ; mais il frappe plus vivement les populations, parce qu'il est d'une application plus immédiate. Les États-Unis occupent sur les deux Océans une immense étendue de côtes ; ils possèdent des ports et des havres nombreux et excellents ; le commerce maritime est un élément essentiel de leur existence. La marine marchande américaine est la plus considérable du monde ; elle dépasse, pour le nombre et le tonnage des navires, la marine britannique elle-même. Mais, chez eux, la marine militaire est loin d'être proportionnée à l'immense développement du commerce. M. Marcy lui-même nous donne les motifs de cette infériorité relative. « Les États-Unis, dit-il, regardent les ma-
« rines puissantes et les grandes armées régulières, en tant qu'établis-
« sements permanents, comme nuisibles à la prospérité d'une nation
« et dangereux pour la liberté civile. Les dépenses pour les maintenir
« sont à la charge du peuple ; ils sont, aux yeux de ce gouvernement
« et dans une certaine mesure, une menace contre la paix des nations,
« une force considérable toujours prête à servir aux éventualités de la
« guerre et une tentation pour s'y précipiter. »

Les citoyens des États-Unis ont donc à la mer un très grand nombre de navires marchands, et leur gouvernement n'entretient qu'une force relativement restreinte pour protéger cet immense commerce. En cas de guerre maritime, les propriétaires et les négociants auraient donc beaucoup à souffrir de la prise des propriétés privées ; l'État lui-même en souffrirait tellement qu'il serait bientôt forcé d'accepter la paix. C'est à ce grave danger que les Américains veulent échapper ; et c'est pour parvenir à ce but qu'ils ont ressuscité la question de l'inviolabilité de la propriété privée sur mer.

Il importe de ne pas perdre de vue la position spéciale des États de l'Union américaine. Leur territoire est situé à mille lieues des côtes de l'Europe ; une guerre ne peut les atteindre que par mer et sur mer. Leur marine militaire, peu nombreuse, mais excellente, saura toujours se mettre à l'abri des coups des adversaires plus puissants ; leur marine marchande seule est vulnérable : c'est le seul point par lequel ils puissent être attaqués avec quelques chances de succès. Si l'on permet que ce point unique soit mis hors des atteintes des hostilités, les Américains n'auront plus aucun frein ; ils mettront à exécution dans toute leur étendue les projets qu'ils attribuent à Monroë.

L'ambition de ces républicains n'est un mystère pour personne ; eux-mêmes proclament hautement leurs projets ; ils veulent, et avec cette volonté énergique et patiente qui caractérise leur race, dominer sur les deux Amériques. Le Mexique, déjà démembré par eux, ruiné par les dissensions intestines qu'eux-mêmes excitent et entretiennent, ne tardera pas à tomber tout entier entre leurs mains. Les petites républiques du Centre-Amérique seront facilement amenées à demander leur annexion à des voisins puissants, qui déjà commandent en maîtres sur leur territoire, et qui les auraient absorbées depuis longtemps sans l'intervention des Européens. Enfin, nous avons vu récemment un président de l'Union proclamer officiellement que l'île de Cuba ne pouvait, ne devait pas appartenir à d'autres qu'aux États-Unis. Si la marine marchande de ce pays est déclarée inviolable en temps de guerre, il pourrait poursuivre en sûreté l'exécution de ces plans, et les réaliser beaucoup plus tôt que ses hommes d'État ne le pensaient. Aucune nation d'Amérique n'est assez forte pour opposer aux États-Unis une résistance sérieuse, et ils seront complétement à l'abri de la force des États européens. Quelle est, en effet, la nation assez puissante pour envoyer aussi loin de son pays des flottes et des armées capables de réduire les Américains? Une seule, la France, pourrait tenter une entreprise de cette nature. Mais le succès de l'entreprise, même de la part de la France, serait très douteux, et, dans tous les cas, il serait trop chèrement acheté par les immenses sacrifices d'hommes et d'argent qu'il faudrait supporter.

Tel est, en réalité, le double but que se sont proposé les Américains en 1856, lorsqu'ils ont demandé que la propriété privée ennemie fût déclarée inviolable de la part des belligérants. Ce but est purement politique, favorable aux intérêts des États-Unis, contraire aux intérêts de l'Europe et de l'univers commercial; l'humanité n'a jamais eu plus d'influence réelle sur les demandes du cabinet de Washington que sur celles des négociants de New-York.

Mais comment les villes de Brême et de Hambourg ont-elles été amenées à joindre leurs vœux à la proposition américaine? Ce fait est tellement contraire aux intérêts réels de ces deux cités, que nous n'hésitons pas à considérer comme le résultat d'une erreur l'adhésion donnée par elles à une mesure dont la première conséquence serait la ruine de leur commerce et de leur marine.

Ces villes sont essentiellement commerçantes; leur marine marchande est très florissante, mais elles ne possèdent pas de marine militaire. Le seul rôle qu'elles aient rempli jusqu'ici dans les grandes guerres maritimes, le seul qu'elles soient appelées à remplir dans l'avenir, c'est le rôle de neutres. Elles doivent donc s'occuper surtout d'obtenir des grandes puissances toutes les garanties possibles pour la liberté de la navigation des peuples pacifiques. C'est pourquoi nous trouvons parfaitement rationnelle la demande faite par les négociants de Hambourg, aux puissances qui devaient se réunir en congrès au mois de décembre 1859, de rendre la déclaration du 16 avril 1856 plus explicite sur les points qu'elle avait traités, et de la compléter en tranchant certaines questions qu'elle avait omises (1). Sans doute, nous ne saurions admettre la justice de toutes les demandes faites par ces commerçants; mais nous comprenons qu'elles aient été faites par une nation appelée à rester spectatrice paisible des luttes acharnées des autres peuples.

La proposition brémoise et hambourgeoise ne concerne que les navires belligérants et leurs cargaisons; elle ne parle pas des bâtiments neutres. Si elle est acceptée, elle laissera donc les navires neutres dans la position où ils sont actuellement; elle n'enlèvera aucune des entraves mises par les belligérants à la navigation pacifique.

La prohibition de certains commerces connus sous le nom de contrebande de guerre ne sera pas abolie, et les belligérants continueront, sans doute, comme ils l'ont toujours fait, à étendre cette prohibition aux objets les plus innocents, et à saisir les neutres portant chez leurs ennemis, non-seulement des armes, des munitions et des instruments de guerre, mais encore des bois et autres objets propres à la construction et au radoub des bâtiments, des vivres, des métaux précieux, en un mot, toutes les denrées qu'ils jugeront à propos de ranger dans la classe du prohibé (2). Les peuples en guerre ne renonceront pas à prononcer, dans certains cas par eux déterminés, la confiscation des navires neutres coupables de contrebande, et à faire subir le même sort à leur cargaison entière.

La proposition n'enlève pas aux parties en guerre le droit de blocus. Si les traités les plus récents sont fidèlement exécutés, si la déclaration du 16 avril 1856 est sainement interprétée, ce droit pèsera moins lourdement sur les neutres, il est vrai, mais le nouveau système sera complétement étranger à ce bon résultat. Et si les traités ne sont pas respectés, on verra reparaître le blocus sur papier, les droits de

____

(1) Voyez le Mémoire remis le 1er décembre 1859 au sénat de Hambourg par une députation des négociants de cette ville.

(2) L'Angleterre, dans la déclaration datée du 7 juin, publiée seulement le 27 juin 1860, excepte des dispositions de cet acte plus que bienveillant pour les sujets britanniques *« le commerce d'articles ou choses qui pourront être déclarés par la « reine comme étant contrebande de guerre. »* (*Moniteur* du 29 juin 1860.)

prévention et de suite, etc., etc. (1), si terribles pour les navigateurs neutres.

Les nations en guerre, tout en déclarant insaisissables les propriétés privées de leurs sujets, ne renonceront pas à interdire aux neutres certains commerces connus sous le nom de commerces nouveaux, et à confisquer tous les bâtiments qui violeront cette défense; elles continueront à imposer aux navires pacifiques les conditions qu'elles leur imposaient pendant les guerres anciennes, et à punir par la saisie et la prise tout bâtiment qui osera enfreindre les lois qu'elles auront promulguées.

Nous sommes loin d'approuver ce système d'oppression mis en pratique par les belligérants contre les neutres; nous l'avons souvent et énergiquement combattu; mais ce système existe, et ce n'est pas la proposition Marcy qui le fera cesser.

La position du commerce pacifique resterait donc exactement la même : il demeurerait soumis à toutes les anciennes chances de confiscation; il aurait toujours à redouter les croiseurs des deux parties. Les négociants belligérants, au contraire, seraient en parfaite sécurité; pourvu qu'ils s'abstiennent de faire la contrebande et de violer les blocus, ils pourraient parcourir l'Océan sous les yeux même des flottes ennemies. L'état de choses existant se trouverait complétement renversé.

Le bâtiment neutre, quoique souvent victime des injustices des nations en guerre, présentait beaucoup moins de chances de prise que le navire belligérant; au moyen de ce nouveau système, ce dernier, au contraire, serait à l'avenir beaucoup plus en sûreté que l'autre. Les conséquences de ce bizarre résultat sont faciles à déduire. Jusqu'ici les navires neutres faisaient une partie des transports des propriétés privées des parties en guerre, ou du moins de la plus faible des deux ; ils profitaient du commerce de commission, si important sur mer. Dans l'hypothèse dont il s'agit, ils perdraient complétement cette branche considérable de trafic. Les sujets des peuples en guerre non-seulement n'auraient aucun intérêt à charger leurs marchandises sous pavillon neutre, mais au contraire trouveraient plus de sécurité sur les navires de leurs concitoyens; ils abandonneraient donc les neutres pour se servir de leurs propres moyens de transport; mais là ne s'arrêteraient

(1) Sur les blocus fictifs et les droits de prévention et de suite, voyez notre *Traité des droits et des devoirs*, etc., etc., tit. 9, t. 2, 2ᵉ éd., et notre *Histoire des origines et des progrès*, etc.

pas les pertes que ce système doit faire supporter au commerce pacifique. Les négociants des pays en paix eux-mêmes chercheraient à profiter des chances favorables que présenterait la navigation belligérante ; ils chargeraient leurs marchandises sous ce pavillon privilégié et déclaré inviolable, même pour l'ennemi. Les nations neutres seraient réduites à voir leurs bâtiments désarmés pourrir dans leurs ports, leurs matelots inoccupés chercher dans d'autres métiers les moyens de vivre, en un mot leur marine anéantie ; car tout le monde sait qu'une marine qui reste inoccupée est une marine ruinée, et qu'il faut un long temps et de grands efforts pour la faire revivre.

L'intervention des commerçants de Brême et de Hambourg pour l'adoption de la proposition de M. Marcy ne peut donc s'expliquer que par une erreur. Ces deux villes font un commerce très important avec les États-Unis ; leurs sujets ont, comme le gouvernement du Brésil en 1858, cédé aux sollicitations intéressées des Américains. Ils ont été séduits par les grands mots ; ils ont agi sans réfléchir aux conséquences de leur démarche, car nous ne pensons pas qu'ils soient disposés à sacrifier leurs intérêts au bien de l'espèce humaine.

En résumé, la proposition de déclarer inviolable, sur mer, la propriété privée de l'ennemi, faite en 1856 par M. Marcy, au nom du gouvernement américain, reprise en 1859 par les villes de Brême et de Hambourg, et en 1860 par l'une des chambres prussiennes, patronnée aujourd'hui par quelques négociants anglais ayant à leur tête ce même M. Lindsay qui, en 1856, l'avait déclarée absurde, n'est pas acceptable. Elle est contraire aux lois de l'humanité, au nom desquelles on l'a présentée ; elle est le résultat d'un calcul politique, assez habile pour donner le change à quelques esprits trop portés à accepter tout ce qui leur est proposé sous une apparence plus ou moins philosophique : elle doit donc être repoussée par toutes les nations.

Il eût été plus logique de la part des États-Unis, nous dirons même plus loyal et plus digne d'une grande nation, d'agir avec franchise et de dire au monde entier : La guerre maritime seule peut mettre un frein à mes entreprises, je désire me débarrasser de ce frein, et pour y parvenir je vous propose d'abolir la guerre maritime. Ainsi posée, la question eût été peut-être plus conforme aux prétendues lois de l'humanité que l'on invoque, et elle eût été claire pour tous. Au reste, il faut l'avouer, les États-Unis arrivent progressivement et avec une rapidité assez grande à cette franchise que nous réclamons. En 1856, la dépêche de M. Marcy, sans demander positivement l'abolition de la contrebande de guerre et du droit de visite, attaquait vivement ces deux moyens employés dans la guerre maritime (1). Depuis cette époque, de grands progrès ont été faits ; le président Buchanan lui-même propose l'abolition du blocus, et, vis-à-vis de ses concitoyens, il motive sa demande sur cette considération : que tant que le droit de blocus existera, l'immunité de la propriété privée sur mer sera sans efficacité, puisque l'on pourra rendre cette propriété inactive en l'enfermant dans les ports, et, par conséquent, forcer les États de l'Union à désirer la paix (2). Il aurait pu ajouter : et à la demander. La contrebande de guerre n'existant plus, la visite étant abolie, le droit de blocus détruit, la propriété privée ennemie déclarée inviolable, la guerre maritime serait bien près d'être impossible, et les États-Unis toucheraient presque au but auquel ils aspirent. Ils se trouveraient presque complétement à l'abri de toutes les colères de l'Europe, presque libres de poursuivre leur système d'envahissement et d'annexion de tous les États qui se partagent aujourd'hui le continent américain.

Cependant il reste encore un point très important pour atteindre complétement le but, et ce point n'a pas encore été attaqué. On n'a pas encore demandé que les attaques à force ouverte, que les bombardements et la conquête effective du territoire maritime fussent abolis. Avec les canons à longue portée et les bâtiments blindés, l'Europe pourrait encore anéantir les navires marchands jusque dans les ports des États-Unis, et faire de leurs jeunes et magnifiques cités des monceaux de ruines ; et tant que le droit d'user de ces moyens existera, la guerre maritime existera ; elle existera plus terrible, plus meurtrière qu'elle n'a été jusqu'ici, et les États-Unis seront dans la nécessité de tenir compte de la juste volonté des États de l'Europe.

La guerre maritime comme la guerre terrestre est un fléau, mais un fléau inévitable ; elle ne peut pas être abolie sans livrer la mer entière à la tyrannie de quelques nations puissantes, et le commerce de l'univers aux marchands privilégiés de ces mêmes nations ; et, par conséquent, sans ruiner tous les autres États navigateurs ; mais elle a besoin d'être réglementée, surtout en ce qui concerne les rapports des belligérants avec les peuples pacifiques. Que toutes les puissances s'appliquent sincèrement, et sans arrière-pensées d'égoïsme, à obtenir cette réglementation, à la rendre conforme aux prescriptions immuables de

---

(1) Voyez la dépêche adressée le 28 juillet 1856 par M. Marcy au gouvernement français.

(2) Voyez la lettre du président de l'Union à la chambre de commerce de New-York, citée au commencement de cet article.

la loi divine, et elles auront fait une œuvre réellement conforme aux lois sacrées de l'humanité ; elles auront amoindri considérablement, et au profit du genre humain tout entier, les malheurs inséparables de la guerre (1).

(1) Depuis que ce travail est achevé la France et l'Angleterre ont publié leurs déclarations relatives à la guerre avec la Chine (*Moniteur* du 28 juin 1860). Les deux puissances belligérantes s'accordent pour autoriser la continuation du commerce entre les sujets anglais et français et les *sujets de l'empire chinois*. C'est un commencement de mise en pratique de la proposition Marcy. Il est permis de penser qu'en ce qui concerne l'Angleterre du moins, on a pris plus de souci des recettes de l'Échiquier que des principes internationaux ; c'est en effet un moyen de forcer tout le commerce de la Chine à passer par les mains des Anglais, puisque tous les navires chinois qui seront engagés dans un trafic avec des sujets britanniques seront inviolables, tandis que tous ceux qui seront destinés à commercer avec les autres peuples seront soumis à la confiscation.

Paris, imp. de Ch. Jouaust, r. St-Honoré, 338.